M. West

Die Afrikareise

Operette in 3 Akten

M. West

Die Afrikareise
Operette in 3 Akten

ISBN/EAN: 9783742898753

Hergestellt in Europa, USA, Kanada, Australien, Japan

Cover: Foto ©Thomas Meinert / pixelio.de

Manufactured and distributed by brebook publishing software
(www.brebook.com)

M. West

Die Afrikareise

Die Afrikareise.

OPERETTE in 3 ACTEN

von

M. WEST und RICHARD GENÉE.

MUSIK VON

FRANZ von SUPPÉ.

Clavierauszug mit Text

$\frac{M. 12.}{Fl. 6. 30.}$ netto.

Clavierauszug ohne Text

$\frac{M. 4. 50.}{Fl. 2. 70.}$ netto.

London, Ent. Stat. Hall.

Eigenthum des Verlegers . Mit Vorbehalt aller Arrangements.

 Verlag von Aug. Cranz in Hamburg.

Wien, C.A.Spina, (Alwin Cranz)   Brüssel, A.Cranz.

deposé.

Preludio.

№ 1 (a) Introduction.

Backschisch ru_fen al_le wir, ja, Backschisch da, Backschisch dort immer_fort, ein
Ba_xis chiaman tut_ti lu, si, Ba_xis qua, Ba_xis lu, che bel suon, u_

schö_nes Wort, kling, kling, kling, Backschisch, Backschisch, lernt Je_der
mi_co suon, tlin, tlin, tlin, Ba_xis, Ba_xis, capisce au_

schnell verstehn, Backschisch, Backschisch, wo man mag gehn u. stehn, Backschisch vorn und
che un bambin, Ba_xis, Ba_xis, si grida o_runque alfin, Ba_xis so_pra,

Backschisch hinten üb'rall er_tönt Backschisch, Je_der erkennt Backschisch word_e_le_ment
Ba _ xis sot_to, si gri_de_rà Ba _ xis, si chia_me_rà Ba _ xis, s'a_do_re_rà

Backschisch ist ein schö_nes Wort! Backschisch ist die Hauptsach hier, Backschisch ru_fen al_le
Ba _ xis, quell' a _ mi_co suon. Ba _ xis gri_dan tut_ti quà, Ba _ xis chiaman tut_ti

Perikles (höhnend)

Backschisch.
Ba _ xis

wir, Backschisch da, Backschisch dort, tönt es immerfort und fort. _____
là, Ba _ xis qua Ba _ xis là, è pur bello in re_ri _ tà. _____

C. 25875.

ist die Hauptsach hier Backschisch ru_fen al_le wir Backschisch da Backschisch dort tönt es
gri_dan tut_ti qua, Ba_ris chiaman tut_ti là Ba_ris quà, Ba_ris là, è pur
nur ich ler_ne dir, uns're Landes_sit_ten hier, pum_pen da, pum_pen dort, das ver_
spet_ta spetta un pò, ri_cer io t'in_se_gue_rò, spetta un pò, spetta un pò, truf_fa_
ist die Hauptsach hier Backschisch ru_fen al_le wir Backschisch da Backschisch dort tönt es
gri_dan tut_ti qua, Ba_ris chiaman tut_ti là Ba_ris quà, Ba_ris là, è pur
immer fort und fort!
bello in re_ri_tà!
(geschrien)
ff
ge_he dir so fort!
tor ti pen_ti_rai!
Der Lump!
Briccon!
immer fort und fort!
bello in re_ri_tà!
ff

Attacca N° 1(b)

№ 1. (b) Touristen Lied.

an der Pfef_fer_kü _ ste die Mahlzeit mir gewürzt. Beim Kö_nig von Da_ko_me hab' sü_
*giu poi in Gui_ne_a sti _ ma_to da gioiel! Dal prence di Da_ho_me ho pran_*

perb ich oft di_nirt und dort mich im Se_rail a_mü_sirt. Bin be_liebt bei den Ba_
za_to spes_so assai e nel ser_rug_lio mi trastul_lai! Noto sono in terra in

su_tos, ken _ ne Kon _ go, Zan_zi_bar, auch die Kaf_fern, die A_
*nn_re e dal Con_go al Zan zi bar, Caf_fri, A_ra_bi, A_*

schan_ti, die besuch' ich je des Jahr. Ja, das G'schäft ist pro_fi _ ta_bel, mein Re_no_
scan_ti li co_nos_co pin che roi! Sì, co_testo è un buon af_fa_re, per_chè si

me ganz for_mi _ na_bel, der Te_le_graf, die Post, das Ka_bel, verkün_den meinen Ruhm der
pro bea gnada_qua_re, e poi dociunqueinterra ia pur_re il gran to_rista am_mi_re.

M

Nicht nur bei den Völkern Af_ri_kas werd' ich ge_nannt, selbst auch in der
Non del po_pol so_lo io i_ri pos_so rac_con_tar, ma per_sin du

(Clar.)

pp

M

Thierwelt bin ich rings her_um be_kannt, al_le mich be_grüssen, ob auf zwei, ob auf vier
bel_re io mi fr_ri ci_a_mar, mi sa_lu_tan tut_ti ed i bel_li ed i

M

Flüssen,Casuar,Strauss und Pa_pa_gei_en fangen freu_dig an zu schrein. An_ti_lo_pen
brut_ti,or_si, lu_pi e le_o_ni, tut_ti sen_to giu_bi_lar. E le ti_gri

(Flöte)   (Oboe)

M

wenn sie mich von wei_ten kommen sehn, blei_ben gleich mit ehrfurchts_vol_len Ni_cken vor mir
ste_se se mi re_don da lon_tau cor_ro_no giu_li_re e mi ba_cia_no la

(Clar.)

pp   *pp*

M

stehn. Lö_wen kenn ge_wöhnlich so wie Ti_ger ich per_sön_lich,grüss' sie im vor_ü_ber_
man, i so_ma_ri poi li co_no_sro co_me roi, li sa_lu_to nel pas_

p

ka, je_der Berg, auch je_des Thal, selbst all' die Schluch_ten, Grot_ten oh_ne
l'ammire_ran, lo sti_ma_ran, giubi_ le_ran dal Congo al Zan_zi_

al_les Lug, al_les Trug, Schwinde_lei_en sind es oh_ne
che bir_bon, che buf_fon, fan_fe_ron, dal Congo al Zan_zi_

kennt je_den Berg, auch je_des Thal, selbst all' die Schluch_ten, Grot_ten oh_ne
l'ammi_re_ran, lo sti_ma_ran, giu_bi_le_ran dal Congo al Zan_zi_

Zahl, auf dem Er_den_ball, da war ich ü_ber_all!
bar, Ot_ten_tot_ti, Caf_fri tutti e_sul_ta_ran!

Zahl, und auf je_dem Fall kennt man ihn ü_ber_all!
bar, Ot_ten_tot_ti, Caf_fri tutti lo fru_ste_ran!

Zahl, auf dem Er_den_ball, da war er ü_ber_all!
bar, Ot_ten_tot_ti, Caf_fri tutti e_sul_ta_ran!

№ 1.(e) Erscheinen Muezzins.

Sempre colla voce.
Recitatir.

Miradillo. Nun hast du ge_nau ver_nommen, was das ist ein Welttou_rist.
Hai ca_pi_to dunque chia_ro un to_ri_sta che sia mai? Recit.

Perikles. Hab's be_grif_fen ganz und
Lho ca_pi_to piu che

Muezzin.

Chor.

Piano. (Clar. Fag.) (Streichq.)

Mi: Einst wirst du dein Geld be_kom_men, weß's nicht an_gen_blicklich
*Stü tranquil_lo, amico ca_ro, il da_na_ro tuo l'a_*

P: gar, doch man zahlt auch blank und baar!
ben, pa_ga sol qued che mi rien! (Clar. Fag.)

Mi: ist! Auch die Sela_vin setz'auf
crai! *Metti in conto auche la*

P: Das klingt wahr_lich sehr cu_rios! oh_ne Geld kömmt er nicht los!
Si, l'è bella in re_ri_tà, chi non pa_ga ria non rà! (Clar. Fag.)

(Streichq.)

c. 25875.

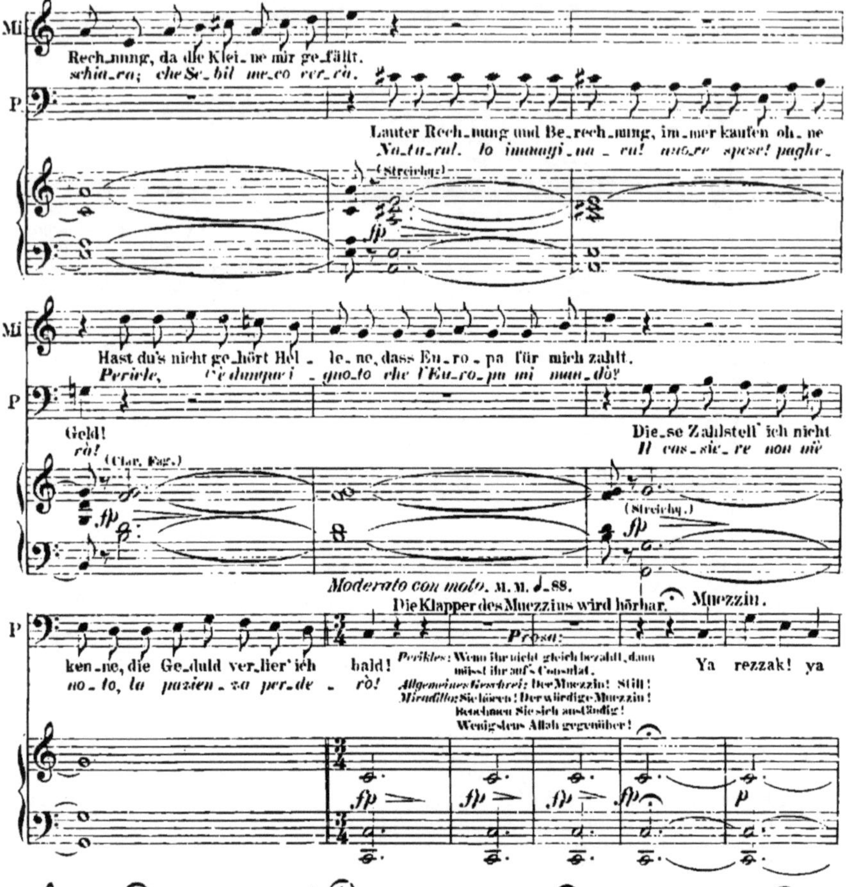
Mi
P
Rech_nung, da die Klei_ne mir ge_fällt.
schia_ra; che Se_bil me_co ver_rà.
Lauter Rech_nung und Be_rech_nung, im_mer kaufen oh_ne
Na_tu_ral. lo immagi_na _ ra! ancor spese! paghe_
(Streichq.)
Hast du's nicht ge_hört Hel _ le_ne, dass Eu_ro_pa für mich zahlt.
Pericle, c'è dunque i _ gno_to che l'Eu_ro_pa mi man_dò?
Geld!
rò!
(Clar. Fag.)
Die_se Zahlstell' ich nicht
Il cas_sie_re non më
(Streichq.)
Moderato con moto. M. M. ♩ = 88.
Die Klapper des Muezzins wird hörbar.
Muezzin.
Prosa:
ken_ne, die Ge_duld ver_lier' ich bald!
no_to, la pazien_za per_de _ rò!
Perikles: Wenn ihr nicht gleich bezahlt, dann müsst ihr auf's Consulat.
Allgemeines Geschrei: Der Muezzin! Still!
Mirafillo: Sie hören! Der würdige Muezzin! Benehmen Sie sich anständig! Wenigstens Allah gegenüber!
Ya rezzak! ya
Kerim! ya fettah! ya a lim!
Ya rezzak, ya kerim! Ya fettah! Ya a lim
Chor.
(Clar. Fag.)

Mos_lim! bald ist vor_bei der letz_te Ra_ma_dan, er_ken_net
Mos_lim! Siam qua_si al_la fin del Ra_ma_dan, sia gloria ad

Al_lah! Mos_lim! Zum Beiramfes_te klei_det neu Euch an, und preiset Al_lah! Ya rezzak, ya
Al_lah! Mos_lim! Ve_sti_te_ri pel san_to Beiram, onore ad Al_lah!

Al_lah!
Al_lah!

Al_lah!
Al_lah!

Al_lah!
Al_lah!

Al_lah!
Al_lah!

(Blech.)

(Blech.)

ke_rim! Ya fettah! ya Al_lim!

mf Ya rezzak! ya Ke_rim! ya fettah! ya a_lim!

mf Ya rezzak! ya Ke_rim! ya fettah! ya a_lim!

mf

mf

(Clar. Fag.)

mf

ff

ist die Hauptsach hier, Backschisch ru_fen al_le wir, Backschisch da, Backschisch dort, tönt es
gri_dan tut_ti qua, Bu_xis chiaman tutti là, Bu_xis qua, Bu_xis là, è pur

ist die Hauptsach hier, Backschisch ru_fen al_le wir, Backschisch da, Backschisch dort, tönt es
gri_dan tut_ti qua, Bu_xis chiaman tutti là, Bu_xis qua, Bu_xis là, è pur

im_mer fort und fort!
bello in re_ri_tà!

im_mer fort und fort!
bello in re_ri_tà!

Nº 2. Entreé des Prinzen.

N.º 3. Entreé der Titania.

№ 3½. Antarsid's Abgang.

Nº 4. Quartett.

60

System 1

T: nein! / ma! — nun? / che?

M: nein! / ma! — nun? / che?

F: klar. / dür! — d'rum möcht' ich mir die se E ̲ he, erst be ̲ sicht ̲ gen in der
Per ̲ cio vo ̲ glio lo spo ̲ si no studiar me ̲ glio da ri ̲

P: nein! / ma! — nun? / Che?

System 2

T: das wä ̲ re gar nicht schicklich, denn wir le ̲ ben glücklich, drum hat augenblick ̲ lich Zweifel keinen
No, or non è il mo ̲ men ̲ to scioglier tal con ̲ tra ̲ to, dub ̲ bio qual presente es ̲ ser non ri

M: das wä ̲ re gar nicht schicklich, denn wir le ̲ ben glücklich, drum hat augenblick ̲ lich Zweifel keinen
No, or non è il mo ̲ men ̲ to scioglier tal con ̲ tra ̲ to, dub ̲ bio qual presente es ̲ ser non ri

F: Nä ̲ he. Sie ge ̲ las ̲ sen, er so fin ̲ dig, sie phlegmatisch er so
ri ̲ no! Es ̲ sa qua ̲ ta, egli ur ̲ di ̲ to, lo ro me ̲ ta è ingu ̲

P: das wä ̲ re gar nicht schicklich, denn sie le ̲ ben glücklich, drum hat augenblick ̲ lich Zweifel keinen
No, or non è il mo ̲ men ̲ to scioglier tal con ̲ tra ̲ to, dub ̲ bio qual presente es ̲ ser non ri

System 3

T: Zweck. Er ist leicht, ____ a ̲ ber gut. ____
de! Ma perche ____ tal ru ̲ mor

M: Zweck. Ich bin leicht, ____ a ̲ ber gut. ____
de! Ma perche ____ tal ru ̲ mor

F: keck. Foppen will ich mich nicht lassen, er ist mir zu leicht, zu
nur! Ma giuntar mi non mi lascio da un si ̲ mi ̲ le bau ̲

P: Zweck. Nur ge ̲ las ̲ sen, nicht so
de! Mio Si ̲ gno ̲ re, mu ̲ no

C. 25875.

Allegro vivo, alla breve. M.M. ♩. 112

T Glut, erhitzt sein Blut, ein Si_zi_lianer kommt gar leicht in Wuth. Pa_
dor gli riempir il cor un si_ci_liano pre_sto ra in fu_ror! Nel

(Clar. Fag.)
(Streichq.)
(Viola.)
(Streichq.)
p

T ler_mos Lüf_te sind er_füllt, von At_nas La_va Glut, wer
si_ci_lia_no e_te_re dell' Et_na il fo_ro eba, chi

(Clar. Fag.)

T dort ge_lebt dem rol_let mild und feu_rig stets das Blut; dort
là si porta a ri_te_re di fo_co fre_me_rà! La

T brau_sen die Wel_len, mit wil_der Bran_dung kämpt das Schiff, im
bol_lon le on_de, col mar la lot_ta il ra_scel, il

T Stru_del zer_schel_len sieht mans am Fel_sen_riff O_la_ho O_la_
cor_ti_ce fon_de con l'acque spesso il riel, o_la_ho, o_la_

(Corni.)

Nº 5. Terzett.

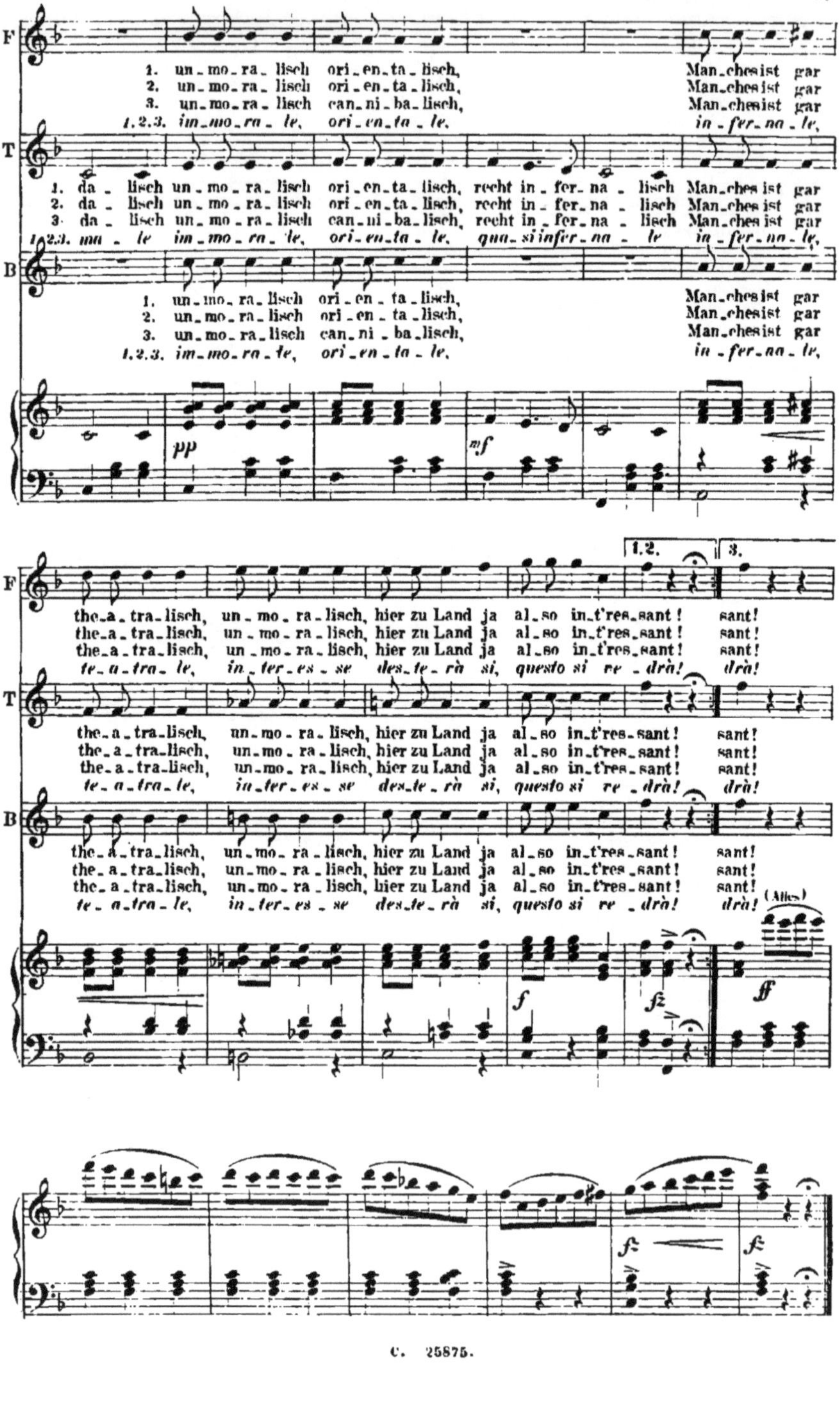
F
1. un-mo-ra-lisch ori-en-ta-lisch, Man-che ist gar
2. un-mo-ra-lisch ori-en-ta-lisch, Man-che ist gar
3. un-mo-ra-lisch can-ni-ba-lisch, Man-che ist gar
1.2.3. im-mo-ra-le, ori-en-ta-le, in-fer-na-le,
T
1. da-lisch un-mo-ra-lisch ori-en-ta-lisch, recht in-fer-na-lisch Man-che ist gar
2. da-lisch un-mo-ra-lisch ori-en-ta-lisch, recht in-fer-na-lisch Man-che ist gar
3. da-lisch un-mo-ra-lisch can-ni-ba-lisch, recht in-fer-na-lisch Man-che ist gar
1.2.3. ma-le im-mo-ra-le, ori-en-ta-le, qua-si infer-na-le in-fer-na-le,
B
1. un-mo-ra-lisch ori-en-ta-lisch, Man-che ist gar
2. un-mo-ra-lisch ori-en-ta-lisch, Man-che ist gar
3. un-mo-ra-lisch can-ni-ba-lisch, Man-che ist gar
1.2.3. im-mo-ra-le, ori-en-ta-le, in-fer-na-le,
pp
mf
1.2.
3.
the-a-tra-lisch, un-mo-ra-lisch, hier zu Land ja al-so in-t'res-sant! sant!
te-a-tra-le, in-ter-es-se des-te-rà si, questo si re-drà! drà!
(Alles)
f
fz
ff
fz
fz
fz

№ 6. Finale.

la la   la la   la   la la   la la la la   la ____   ho_la_ro!
la la   la la   la   la la   la la la la   la ____   ho_lu_ro!

Finfani (schwerfällig und derb.)

Am Tsad,   am Tsad,   da kriegt man schö ne Frau'n; ____   sind de_li_cat, wie
Al Tsad,   al Tsad,   si com_pran Ve_ne_ri, ____   son bel_le, tonde e

Cho _ co _ lad, bald hell, bald dun kel _ braun! ____   Der Pascha
ful _ gi _ de in _ ri _ tano all' a _ mor! ____   Il pascia

ist gar sehr   entzückt von der Couleur   drum kauf_te   ich für ihn spe _ ziell die schönsten
è dac_rer   gin ebbrio   dal piacer!   A pe _ so   tut _ te le com_prai, dal nord al

Wei_ ber hier zur Stell' wie sie zu Mark_te kommen grad am Tsad, am Tsad!
sud io le cer_cai, pa_gan_do sem_pre a peso dòr! Al Tsad, al Tsad,

C. 25875.

F

Tanz der Rei ze Glanz! Ja meine Wahl, ist colos sal, die schönsten Weiber hab nur
mun no stru te quà! In re ri tà urs sumarrà ro si ces zo se l'è ne

wird auch zu Markt hingeh'n, la la la la la la die Ke mengeh stimmet ein
di cru to chili al men! La la la la la lu il Ke mengeh suona già,

F

ich, sie sind so fein, die Ra ce rein, das weiss man si cherlich! Scla venhändler gibt's nur Einen
ri, in re ri tà al tre non ch'a che bet te sian ro si! Un mercante tan to fi no

la la la la la la Ta ra bu ka schlage d'rein! zi zi rin zin zin zi zi rin zin zin
la la la la la la ta ra bu ka bat ti là! zi zi rin zin zin zi zi rin zin zin

F

und der Ei ne, der bin ich, den Geschmack den selt nen fei nen hab nur ich ganz si cherlich
non è fa ci le trovar! houn buon gus to, si di ri no quando schiare ròa comprar

zi zi rin zin zin zin zin ha ho! zi zi rin zin zin zi zi rin zin zin zi zi rin zin zin zin ha ho!
zi zi rin zin zin zin ha ho! zi zi rin zin zin zi zi rin zin zin zi zi rin zin zin zin ha ho!

dimin.

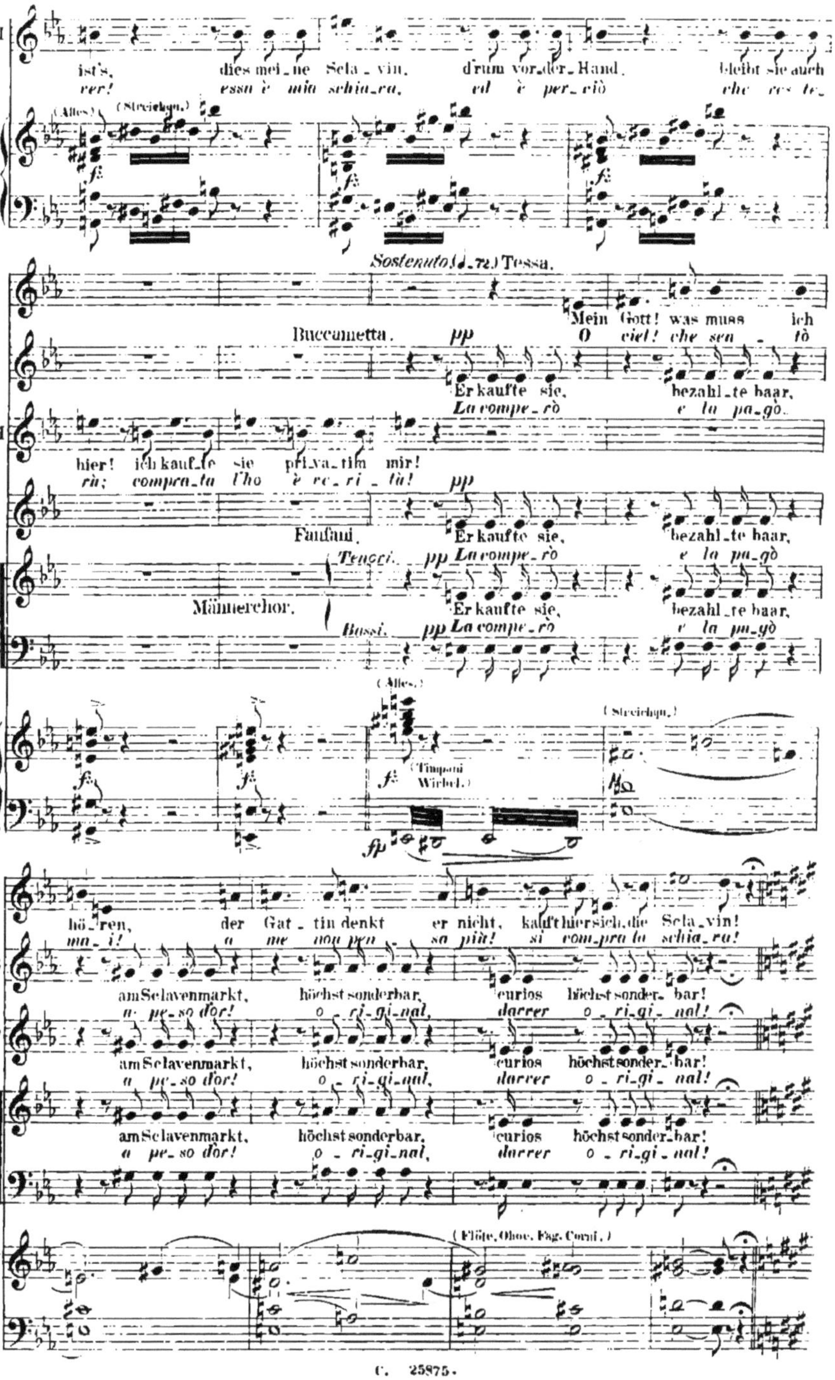
M
ist's, dies mei_ne Sela_vin, drum vor_der_Hand bleibt sie auch
ver! essa è mia schia_va, ed è per_ciò che res_te_
(Alles.) (Streichqu.)
fz
Sostenuto (♩ 72.) Tessa.
Mein Gott! was muss ich
O ciel! che sen_tò
Buccametta. pp
Er kaufte sie, bezahl_te baar,
La compe_rò e la pa_gò.
M
hier! ich kauf_te sie pri_va_tim mir!
rà; compra_ta l'ho è re_ri_tà!
pp
Fanfani. Er kaufte sie, bezahl_te baar,
La compe_rò e la pa_gò
Tenori. pp
Männerchor. Er kaufte sie, bezahl_te baar,
Bassi. pp La compe_rò e la pa_gò
(Alles.)
(Streichqu.)
fz
(Timpani Wirbel.)
fp
T
hö_ren, der Gat_tin denkt er nicht, kauft hier sich die Scla_vin!
ma_i! a me non pen_sa più! si com_pra la schia_va!
B
am Sclavenmarkt, höchst sonderbar, curios höchst sonder_bar!
a pe_so d'or! o_ri_gi_nal, darver o_ri_gi_nal!
F
am Sclavenmarkt, höchst sonderbar, curios höchst sonder_bar!
a pe_so d'or! o_ri_gi_nal, darver o_ri_gi_nal!
am Sclavenmarkt, höchst sonderbar, curios höchst sonder_bar!
a pe_so d'or! o_ri_gi_nal, darver o_ri_gi_nal!
(Flöte, Oboe, Fag. Corni.)

was den?
E che?

mal, 'ne schö_ne Ge_schich_te, es ist ein Scan_dal, er kauf_te's ist gräu_lich,'ne
fä! e tu lo con_re di?ma che si di_rà? Ki compra una schin_ra, bea

Titania.

Sela_vin sich an, das find'ich ab_scheulich;er ist doch dein Mann! Wa_rum sich ge_
fat_to di par? ei non me_ri_ta_ra Ti_ta_nia spo_sar! Com_pra_re una

ni_ren? Ich bin to_le_rant; er mag a_qui_ri_ren, was ihn int_res_
schiara che ma_le; qui c'è! Se ciò gli gar_ba_ra, ben fatto in mia

sant! Lasst ihm, die Freud! hört lie_ber was ich nun be_schlossen:
fè! si, si, fa ben! Sen_ti_te piut_tosto il mio pia_no

A_ber doch wenn hö_re
Ah,ma ma se di_co

(Holz,Streichqu,Corni.)

Der Prinz mein Be_glei_ter stimmt froh mich und hei_ter
Il prence qui al_la_to si tan_to gar_ba_to

Was

Viol.

C. 23875.

C. 25875.

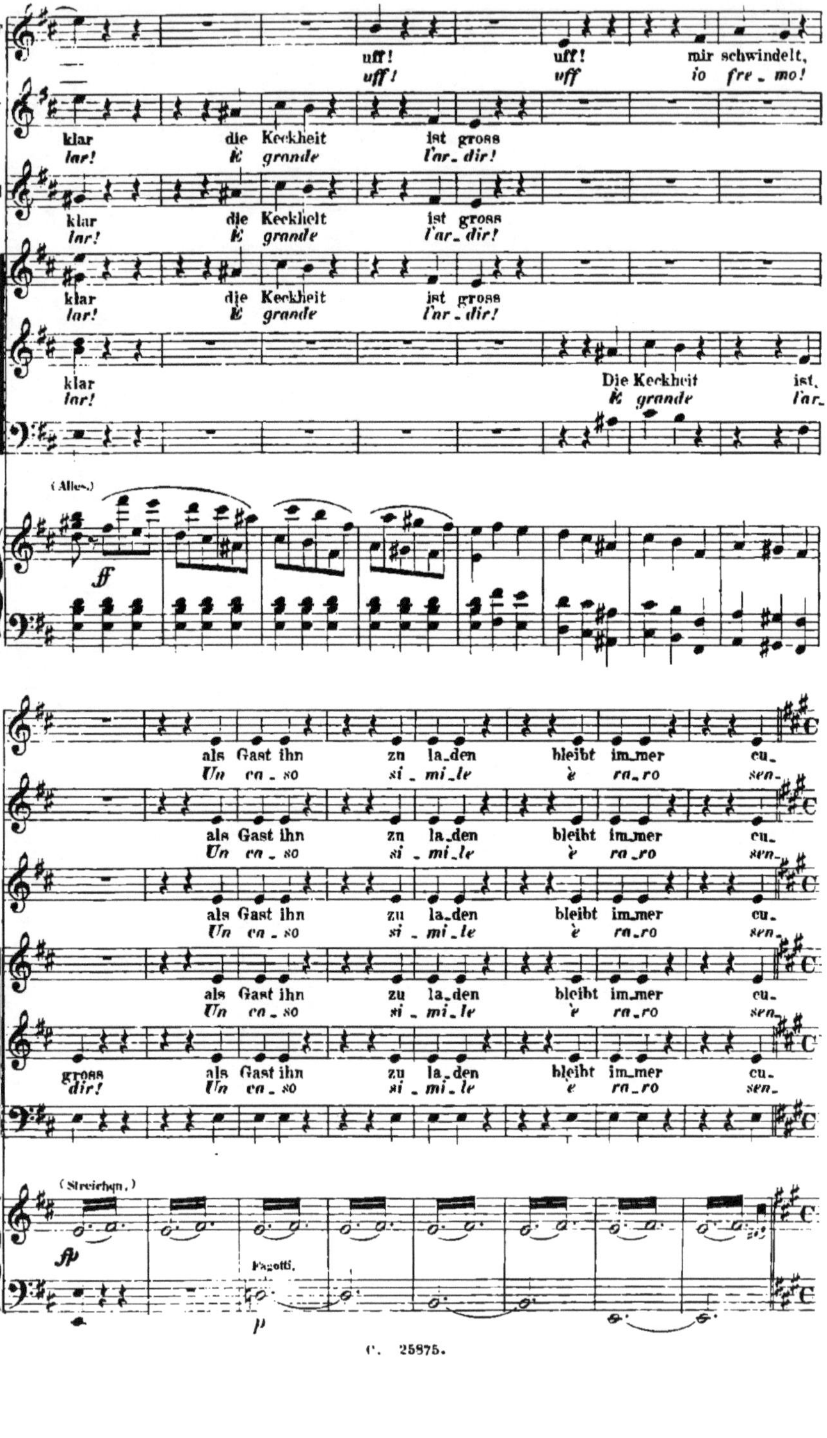
F
T
B
uff! uff! mir schwindelt,
uff! uff io fre_mo!
klar die Keckheit ist gross
lar! È grande l'ar_dir!
Die Keckheit ist
È grande l'ar_
(Alles.)
ff
als Gast ihn zu la_den bleibt im_mer cu_
Un ca_so si_mi_le è ra_ro sen_
gross
dir!
(Streichqu.)
fp
Fagotti.
p

Andante. Tempo I. M. M. ♩ = 63.

97

T

Mahl!
riam!

vo_ ran wo es schallt,   wiederhallt.
cor_ riam su corriam,   banchettar!

auch Ke_ mengeh soll mit Kraft die Saiten schwingen   auf   jubelt drein,   vol_ler
i   Ke_ menghe strillan o_ ra tutto il gior_ no,   Si   or pos_siam   banchet.

(Blech.)   (Streich.)   (Blech.)

f

T

vo_ ran wo der Wein   perlet rein
Andiam! la c'è il vin,   il di_rin,

Lust, vor_bei ist Ra_ ma_dan,   ruft   hell und laut   aus der Brust der Bei_ram
tar   è scorso il Ra_ma_dan,   si   noi pos_siam   giu_bi_ lar è giunto il

(Blech.)

T

vo_ ran wo die Lust   hebt die Brust   zieht
*si là cante_ rem,   dan_za_rem,   An_*

bricht nun an,   das   ist der Tag   der von Fastenzwang uns frei gemacht,
Be_ i_ram,   si   gusto è il dì   che al_ fin o_ gni di_ giun tron_ sò,

(Blech.)

C. 25875.

II. ACT.

No. 7. (a) Entreact.

Allegretto. M.M. ♩ = 58.

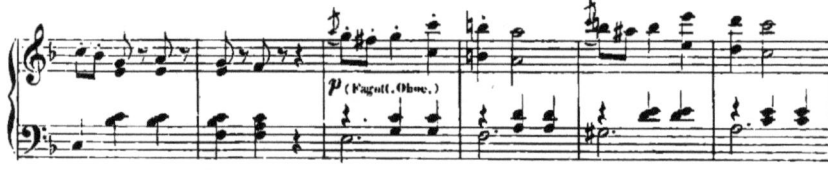

Te.pich sorgsam aus! Klopft ja klopft al_les aus, je_den Teppich hier im
or_di_ne sa_ran! Bat_ti su, bat_ti giu, bat_ti sempre,sempre

Te.pich sorgsam aus! Ja klo_pfet, und klo_pfet vom Staube ein Ne_bel aus
or_di_ne sa_raa! Or les_ti, su les_ti pu_lia_mo di_ra_ai po_

Ja klo_pfet, und klo_pfet vom Staube ein Ne_bel aus Teppich
Or les_ti, su les_ti pu_lia_mo di_ra_ai po_ niamo

Haus, sonst mit Wucht und Ve_he_menz, klopft uns sei_ne Ex_cel_lenz, klopft ja klopft al_les
piu. Ex_cel_len_za il pa_sciù pres_to quiri giunge_rà. Bat_ti su, bat_ti

Teppich und Mö_bel, aus Di_van und Stühle, die Motten, um_wüh_le, ja
niamo le ma_ni a se_die tap_pet_ti, ar_ma_di, a let_ti or

und Mö_bel, aus Di_van und Stühle, die Motten, um_wüh_le, ja klo_pfet
le ma_ni a se_die tap_pet_ti, ar_ma_di, a let_ti or les_ti,

aus je_den Teppich hier im Haus, sonst mit Wucht und Ve_he_menz klopft uns
giu. bat_ti sempre,sempre più; al_tri_men_ti il pa_sciù tut_ti

klo_pfet und klo_pfet recht hef_tig und kräf_tig, ja rein.
les_ti si le_sti, an_diamo, cor_ria_mo, su su

und klo_pfet, recht hef_tig und kräf_tig, ja al_les rein,
si le_sti, an_diamo, cor_ria_mo, su, la_ro_riam,

(Fl.) (Pos.Timp.) (Timp.) (Holz.)

klopft al_les aus, je_den Teppich hier im Haus,sonst mit Wucht und Ve_he_menz,klopft uns sei_ne Excel_
su, bat_ti giu, bat_ti sempre,sempre piu. Ke_rel_ten_ za il pa_scia pres_to quiri giunge_

klo_pfet, vom Staube ein Ne_bel aus Teppich und Mö_bel, aus Divan und Stühle die
le_sti pu_lia_mo di_ra_ni, po_niamo le_ma_ni a se_die tap_peti, ar_

vom Staube ein Ne_bel aus Teppich und Möbel, aus Divan und Stühle die Motten
pu_lia_mo di_ra_ni, po_niamo le_mani a se_die tap_pet_ti, ar_ma_di,

lenz, klopft ja klopft al_les aus je_den Teppich hier im Haus sonst mit Wucht u Ve_he_menz klopft uns
rä. Bat_ti su, bat_ti giu, bat_ti sempre,sempre piu;al_tri_men_ti il pa_scia tut_ti

Mot_ten um_wühle, ja klopfet und klopfet, recht heftig und kräftig ja rein.
ma_di, a let_ti, or_le_sti, si le_sti un_diamo,vor_riamo, su su

umwühle, ja klopfet und klopfet, recht heftig und kräftig ja al_les rein.
a let_ti, or_le_sti, si le_sti an_diamo, vor_riamo, su, la_ro_riam.

(Bdz.)

(Pos.Timp.)

(F.Timp.)

ff

seine Ex_cel_lenz! klo_pfet, klo_pfet, fein Alles aus!
noi ci bat_te_rä! Bat_ti, bat_ti rien il Pa_scia!

ff

muss sein! klo_pfet, klo_pfet, fein Alles aus!
bat_ liam! Bat_ti, bat_ti rien il Pa_scia!

ff

(Obne)
(Clar.)
(Fagott.)

(Streich.)

ff

ff

Fanfani.

Nº 8. Lied.

Tessa.

Piano.

Moderato. M.M. ♩=92.

Mein Herr! Sie sind sehr
Man denkt in sol_chen
Codesta e se_rin
Jo cre_do che si

p
(Flöte.)
(Clar.)

pp
(Streichq.)

gü_tig, ich leg' auf Ih_ren An_trag Wert,
Din_gen hier sehr ge_müth_lich schei_net mir!
ro_sa, vi rog_lio so_ praun pö pen_sar;
pen_si con mol_ta pra_ti_ca da roi:

bin gar nicht ü_ber_
Die Men_ge muss es
non son_no or_go_
non sie_te almen me_

(Flöte.Clar.)   (Streichq.)

mü_thig, ich füh_le mich so_gar ge_ehrt!
brin_gen, so lau_tet die Pa_ro_le hier!
glio_sa, La deb_bo an_zi rin_gra_ziar!
len_si pur trop_po vo_me son da noi!

Doch ha_ben Sie der
Dass man in Ei_ner
Ma Lei ha donne in
Dar_rer Voe_ver_to

(Alle.)   (Streichq.)

(Flöte.)
(Clar.)

f   pp

Frau_en mehr be_reits in Ih_rem Haus,
sucht sein Heil, wie's sonst Eu_ro_pa macht,
quan_ti_tà, non è poi un mis_ter!
per mia fè, o_gnun ra_gion vi dà!

ist be_kannt!
lä_cher_lich!
no_to l'è!
fu_te ben!

und ich ge_steh' dass
Wird auch bei uns als
e a me per die la
L'Eu_ro_pa stes_sa,

(Oboe.)
(Clar.)

(Alle.)   (Streichq.)

f   pp

ich sag' nicht nein, ich sag' nicht ja, ich sag' nicht nein,
non di _ co no, non di _ co si, non di _ co no,

(Streichq.)

ich sag' nicht ja; a _ ber, re _ den Sie mit der Ma _ ma,
non di _ co si; pu _ re, par _ li pri _ ma con mam _ ma!

(Flöte)
(Oboe)
(Clar.)
(Horn.)
(Fag.)

re _ den Sie mit der Ma _ ma!
par _ li pri _ ma con mam _ ma!

(Alles.)

(Streichq.)

N.º 8 ½. Abgang der Buccametta.

Moderato. M.M. ♩ = 92.

Buccametta.

Sie hör _ ten es von Tes _ sa, ja! re _ den Sie mit der Ma_
*In te _ se or du Tes _ sa già! Par _ li pri _ ma con mam_*

Piano.

(Streichq.)

ma, re _ den Sie mit der Ma _ ma!
ma, par _ li pri _ ma con mam _ ma!

(Fl.)
(Ob.)
(Cl.)
(Horn)
(Fag.)

(Alles.)

(Streichq.)

C. 25875.

№ 9. Blumen-Duettino.

rath ich schon, sie warnt dass mir Ge_fah_ren in dei_ner Nä_he drohn,
ti _ mo_rir; ur_ri_sa chr pur mol_to do_rrò per te sof_frir!

durch Feu_er geh', ich fol_ge dir __ ich fol_ge dir in Wü_sten_sand, sei
Per te nel fon_do d'al_to mare an_drei_sti_let_ta, von pia_cer, m'i_

zor_nig, stoss' mich von dir, ich blei_be, ich blei_be an dich ge_bannt, an dich ge
neb_bria il sol pensar te ca_ra, te ca_ra, o gnor re_der, o gnor re

bannt! Für dich nur will ich le_ben, dein bleib ich für und
der! Coa te la rita è bel_la, or_aa_ta dal tuoa_

für, und sollt' ich ster_ben müs_sen, sei's nur aus Lieb zu dir! An dich bleib'
mor, a te rez_zo_sa stel_la, do_anato ho giò il mio cor! Ti re_sto

Nº 10. Ensemble.

№ 11. Couplet.

№ 12. Duett und Terzett.

M Du willst in des Paschas Ha_rem? als sei_ne Frau? Ein solcher Schritt wär'un_ge_
*Tu del pascia sei tu spo_sa? fia re_ro cio? E tu po_tre_sti mai lu_*

T Wa_rum? Wa_rum? Find'die Sa_che ganz na_tür_lich!
Per_che? Per_che? l'è una co_sa na_tu_ra_le!

M bühr_lich, und un_na_tür_lich!
sciar_mi, di_men_ti_car_mi!

Più moderato.

T Wer dies An_tlitz die_se Bli_cke,dies En_sem_ble hat ge_seh'n, die_se Na_se zum Ent_
*Que_sto au_so, que_sto ri_so fa all'is_tan_te innumo_rar! Que_sto sguardo,tal sor_*

T zü_cken, der kann sel_ten wi_der_steh'n; wenn sie so viel Reiz be_trach_ten,sind die
ri_so fa d'a_mo_re pal_pi_tar! Al mio tut_to lu_sin_ghie_ro o_gni

M Ver_zei_he!
Per_do_na!

T Her_zen leicht ge_rührt, dass die Män_ner nach mir schmach_ten ist mir tau_send_mal pas_
no_mo ce_der dè, al_la fi_ne poi dar_re_ro in de_li_rio van' per

C. 25875.

№ 13. Finale.

C. 25875.

so befiel es der Pro_fet, Bei _ ram, das schö _ ne Festes
Maomet_to il co_man_dò! Bei _ ram fes_teg_giu.si von

rückt heran, Bei _ ram, die Wei_hestun_de endlich kam lasst's schallen und hal _ len von
giu_bi_lo. Bei _ ram, il gior_no sa_cro giu arri_rò. O Bei_ram, o gior_no di

M.M. ♩= 63.
Andante. Fanfani.

Die Dat_tel, nach Landes
La leg_ge del gran Co_

fern und nah ge_prie_sen sei Al_lah!
giu_bi_lo è giunto un festeg giar!

Sit _ te ist der Wahlfahrts_zei_chen, sie bringet Glück, bannt Mis_ge_schick, drum ist es
ra_no ruol noi tut_ti a _ mi_ci, il dat_te_ro ser_ri_re de con_ci_lia_

Ein Zauber, ist das
è strano dar_rer!
stschi stschi
psi psi

ich muss zer_springen!
l'è da scop_pia_re!
stschi stschi
psi psi

stschi stschi
psi psi

(Alles)

verdamm_tes Niessen   stschi   stschi   's ist Zau_ber_ei, stscha!
l'è sin_go_la_re   psi   psi   ci   fa scop_piar! psa!

verdamm_tes Niessen   stschi   stschi   's ist Zau_ber_ei, stscha!
l'è sin_go_la_re   psi   psi   ci   fa scop_piar! psa!

verdamm_tes Niessen   stschi   stschi   's ist Zau_ber_ei, stscha!
l'è sin_go_la_re   psi   psi   ci   fa scop_piar! psa!

Helf Gott stschi   stschi   's ist Zau_ber_ei, stscha!
Vi_ra, psi   psi   ci   fa scop_piar! psa!

Helf Gott,   stschi   stschi
Vi_ra,   psi   psi

fz

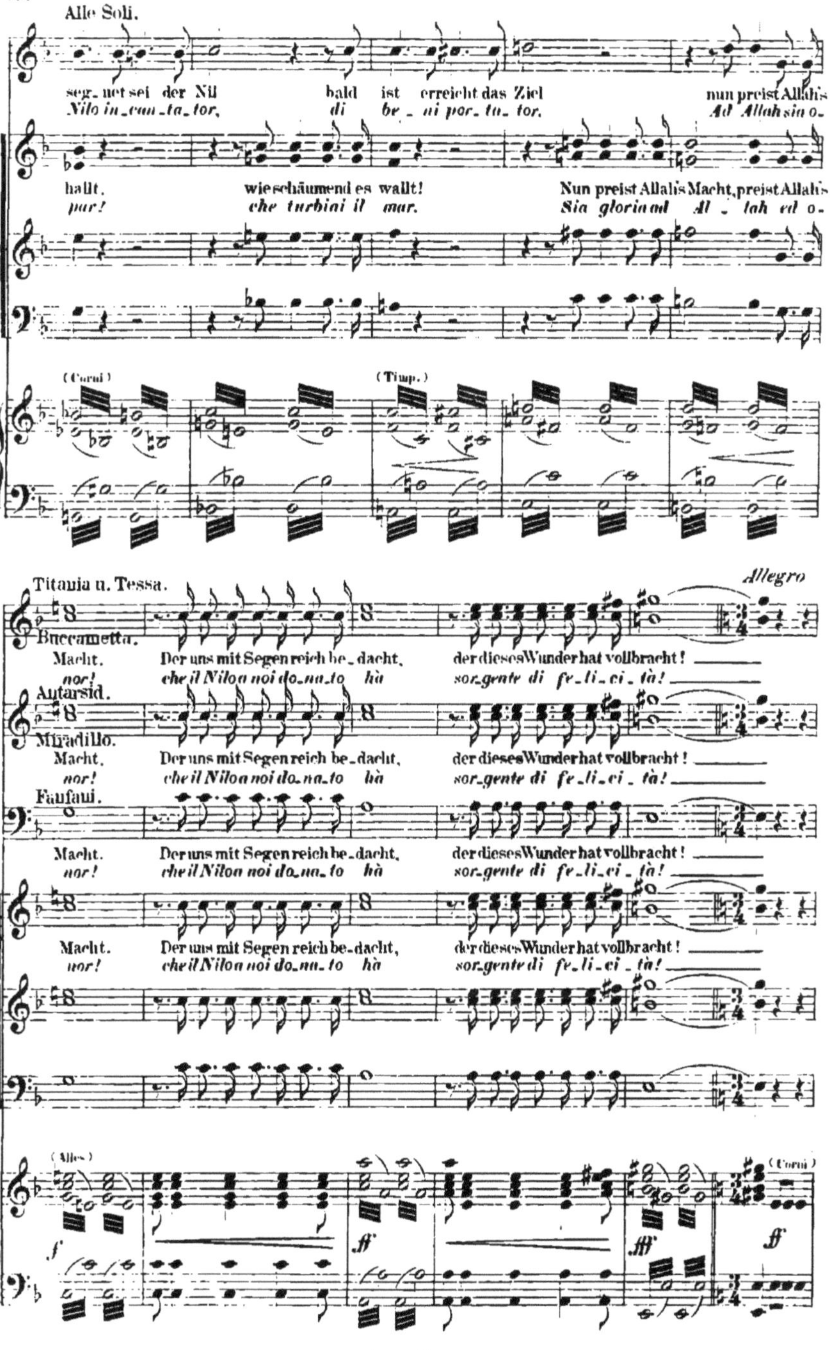

Alle Soli.

seg_net sei der Nil   bald ist erreicht das Ziel   nun preist Allah's
Nilo in_can_ta_tor,   di be_ni por_ta_tor,   Ad' Allah sia o-

hallt.   wie schäumend es wallt!   Nun preist Allah's Macht, preist Allah's
par!   che turbini il mar.   Sia gloria ad Al_lah ed o-

(Corni)   (Timp.)

Titania u. Tessa.   *Allegro*

Buccametta.
Macht.   Der uns mit Segen reich be_dacht,   der dieses Wunder hat vollbracht!
nor!   che il Nilon noi do_na_to hà   sor_gente di fe_li_ci_tà!

Antarsid.
Miradillo.
Macht.   Der uns mit Segen reich be_dacht,   der dieses Wunder hat vollbracht!
nor!   che il Nilon noi do_na_to hà   sor_gente di fe_li_ci_tà!

Faufaui.

Macht.   Der uns mit Segen reich be_dacht,   der dieses Wunder hat vollbracht!
nor!   che il Nilon noi do_na_to hà   sor_gente di fe_li_ci_tà!

Macht.   Der uns mit Segen reich be_dacht,   der dieses Wunder hat vollbracht!
nor!   che il Nilon noi do_na_to hà   sor_gente di fe_li_ci_tà!

Macht.   Der uns mit Segen reich be_dacht,   der dieses Wunder hat vollbracht!
nor!   che il Nilon noi do_na_to hà   sor_gente di fe_li_ci_tà!

(Alles)   (Corni)

f   *ff*   *fff*   *ff*

C. 25875.

T¹
lich Nass soll dein Nass uns will_kom_men sein!
gi _ de roi splende_ te al sol ma _ gi _ che!

T
B
lich Nass kry_stal_len rein! Seht dort die Bar_ke wie
gi _ de e ma_gi _ che! Vedi il bur_chiello sere_

A
M
lich Nass kry_stal_len rein! Seht dort die Bar_ke wie
gi _ de e ma_ gi _ che! Vedi il bur_chiello sere_

F
lich Nass kry_stal_len rein! Seht dort die Bar_ke wie
gi _ de e ma_ gi _ che! Vedi il bur_chiello sere_

lich Nass kry_stal_len rein! Seht dort die Bar_ke wie
gi _ de e ma_ gi _ che! Vedi il bur_chiello sere_

T¹
(leise zu Tessa.)

Nun
Sta

T
B
prachtvoll und bunt geschmückt, ach wie ihr Anblick be_geistert und hoch entzückt seht!
zin_to a bei co_ lor, o com' è bel_lo i _ neb_brin e sal_ta il cor! Si!

A
M
prachtvoll und bunt geschmückt, ach wie ihr Anblick be_geistert und hoch entzückt seht!
zin_to a bei co_ lor, o com' è bel_lo i _ neb_brin e sal_ta il cor! Si!

F
prachtvoll und bunt geschmückt, ach wie ihr Anblick be_geistert und hoch entzückt seht!
zin_to a bei co_ lor, o com' è bel_lo i _ neb_brin e sal_ta il cor! Si!

prachtvoll und bunt geschmückt, ach wie ihr Anblick be_geistert und hoch entzückt seht!
zin_to a bei co_ lor, o com' è bel_lo i _ neb_brin e sal_ta il cor! Si!

(Streichy.)

Ti
al - ten Zei - ten schon kommt ein En - gel je - des Jahr bringt der
rin mes - so appa - ri, ed ap - pa - re pur tut - tor è del

Te B
al - ten Zei - ten schon kommt ein En - gel je - des Jahr bringt der
rin mes - so appa - ri, ed ap - pa - re pur tut - tor è del

A M
al - ten Zei - ten schon kommt ein En - gel je - des Jahr bringt der
rin mes - so appa - ri, ed ap - pa - re pur tut - tor è del

F
al - ten Zei - ten schon kommt ein En - gel je - des Jahr bringt der
rin mes - so appa - ri, ed ap - pa - re pur tut - tor è del

al - ten Zei - ten schon kommt ein En - gel je - des Jahr bringt der
rin mes - so appa - ri, ed ap - pa - re pur tut - tor è del

Ti
Nil - fluth Se - gen dar. Er ward ge - sandt ei - ne
Nilo il pro - tet - tor, Ei si por - tò u - na

Te B
Nil - fluth Se - gen dar. Er ward ge - sandt ei - ne
Nilo il pro - tet - tor, Ei si por - tò u - na

A M
Nil - fluth Se - gen dar. Er ward ge - sandt ei - ne
Nilo il pro - tet - tor, Ei si por - tò u - na

F
Nil - fluth Se - gen dar. Er ward ge - sandt ei - ne
Nilo il pro - tet - tor, Ei si por - tò u - na

Nil - fluth Se - gen dar. Er ward ge - sandt ei - ne
Nilo il pro - tet - tor, Ei si por - tò u - na

mf

f

p

F

Ach schänd_lich mich so zu du_pi_ren, das Geld und die Braut mir ent_füh_ren
In_fa_mia,co_si in gan_nar_mi, la sposa il da_na_ro truf_far_mi,

**Ti
A**

Freiheit, Frei_heit gibt neu_es Le_ben, Freiheit, Frei_heit, ist uns ge_ge_ben
Gio_ja gio_ja, di li_ber_ta_de, o_gni cuo_re libe_ro in_ra_de

**Te
M**

Freiheit, Frei_helt gibt neu_es Le_ben, Freiheit, Frei_heit, ist uns ge_ge_ben
Gio_ja gio_ja, di li_ber_ta_de, o_gni cuo_re libe_ro in_ra_de

B

Freiheit, Frei_heit gibt neu_es Le_ben, Freiheit, Frei_heit, ist uns ge_ge_ben
Gio_ja gio_ja, di li_ber_ta_de, o_gni cuo_re libe_ro in_ra_de

Freiheit, Frei_heit gibt neu_es Le_ben, Freiheit, Frei_heit, ist ihr ge_ge_ben
Gio_ja gio_ja, di li_ber_ta_de, o_gni cuo_re libe_ro in_ra_de

(Alles)

F

Bubenstreich,Gaunerstreich,sondergleich, nie da_ge_we_sen, ich bin aus_er_le_sen zum Spott und zum
*fan_nullon, im_broglion,fur_funton, fo_sti ben scel_to! Jo son proprio scel_to per far_mi giun_*

**Ti
A**

Le_bet wohl_____ ja_____ preiset hoch_____ Allah's
*Al_lah, Al_____ la!_____ te lo_diam_____ in_ro_*

**Te
M**

Le_bet wohl_____ ja_____ preiset hoch_____ Allah's
*Al_lah, Al_____ la!_____ te lo_diam_____ in_ro_*

B

Le_bet wohl_____ ja_____ preiset hoch_____ Allah's
*Al_lah, Al_____ la!_____ te lo_diam_____ in_ro_*

Le_bet wohl_____ ja_____ preiset hoch_____ Allah's
*Al_lah, Al_____ la!_____ te lo_diam_____ in_ro_*

III. ACT.
№ 14. Entreeact. Chor und Romanze.

165

C. 25875.

A

Täubchen, gir_re la_che hold mir zu ja —— ach komm'
so_ro e sor_ri_di lie_to a me, ah —— sor_gi

auf, lieb' Kind wach auf es ist schon Zeit ach komm',
dar, è l'al beg_giar, ri_des_ta_ti sor_gi al

A

her_zi_ge Maid sei mei_ne See_lig_keit! O komm', o
*sorgi al u_mar lie_ta ail' al_beg_giar, si al u_*

ach komm, lass das Träu men, musst dich er_he_
*u_mar è l'al beg_gior, si al a_ma_*

(Streichq.)   (Fl. Cl. Fag.)

pp   *pp*

A

komm, wach'auf, wach auf! ——
mar all' al_beg_giar! ——

ben, zu neu_em Le ben. Brummstimmen.
re, all' al_beg_gia re. pp

pp

(Corn. Tromb. Posann.)

№ 15. Terzett.

T

Berber, Kaffern | leicht ge-schicht dann ein Mal-heur
auusuu-die-ri | sol pen-sar-ri fa ter-ror!

A

tot-ten, | und noch mehr | leicht geschieht dann ein Mal-
tot-ti, | al-triancor. | sol pen-sar-ri fa-ter-

M

ganz | e-gal!
me | e-gual!

(Alles) (Holz)

p (Corni)

T

A

heur | nehmt Euch in Acht
ror! | Si-cur? gia-mai!

M

sol-len drohen wie sie wol-len | mein Entschluss ist Felsen-
Jo di quelli son si-cu-ro | ed imparido ro' an-

(Streichq. Clar. Fag.)

T

seinStolz er-wacht.
Tu non c'an-drai!

A

es wallt sein Blut
ma di, che fai?

M

fest | weñ auch Blitz u. Donner rol-len | ich durchkreuze Ost und
dar. | lampi e fol-go-ri non cu-ro. | ro in-tre-pi-do gi-

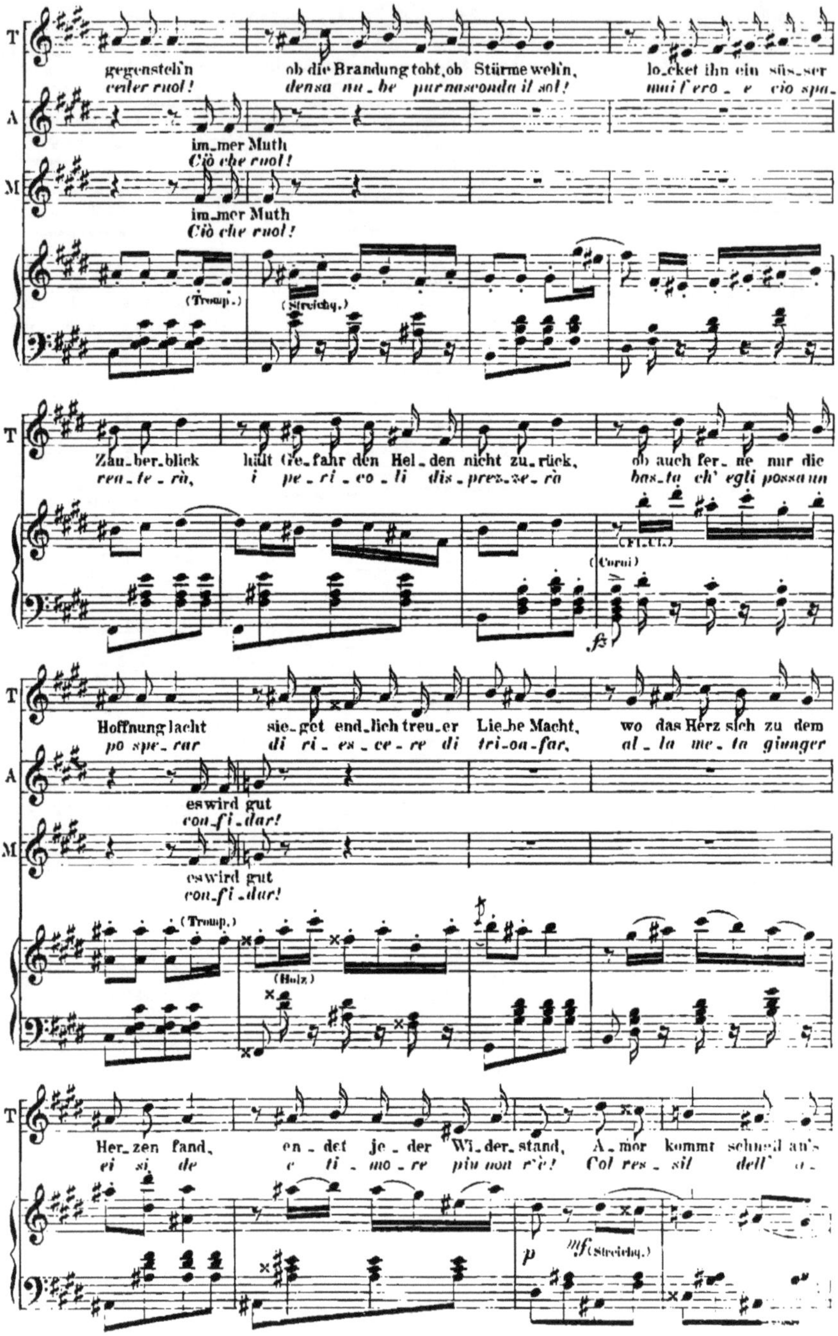
T
A
M
gegensteh'n ob die Brandung tobt, ob Stürme weh'n, lo_cket ihn ein süs_ser
veder vuol! densa nu_be pur nasconda il sol! mai l'ero_e cio spa_
im_mer Muth
Ciò che vuol!
(Tromp.)
(Streichq.)
Zau_ber_blick hält Ge_fahr den Hel_den nicht zu_rück, ob auch fer_ne nur die
ra_te_rà, i pe_ri_co_li dis_prez_ze_rà bas_ta ch' egli possa un
(Fl. Cl.)
(Corni)
fz
Hoffnung lacht sie_get end_lich treu_er Lie_be Macht, wo das Herz sich zu dem
po spe_rar di ri_es_ce_re di tri_on_far, al la me_ta giunger
es wird gut
con_fi_dar!
(Holz)
Her_zen fand, en_det je_der Wi_der_stand, A_mor kommt schnell an's
ei si de e ti_mo_re più non v'è! Col res_sil dell' a_
p
mf (Streichq.)

№ 16. Beduinen - Entrée.

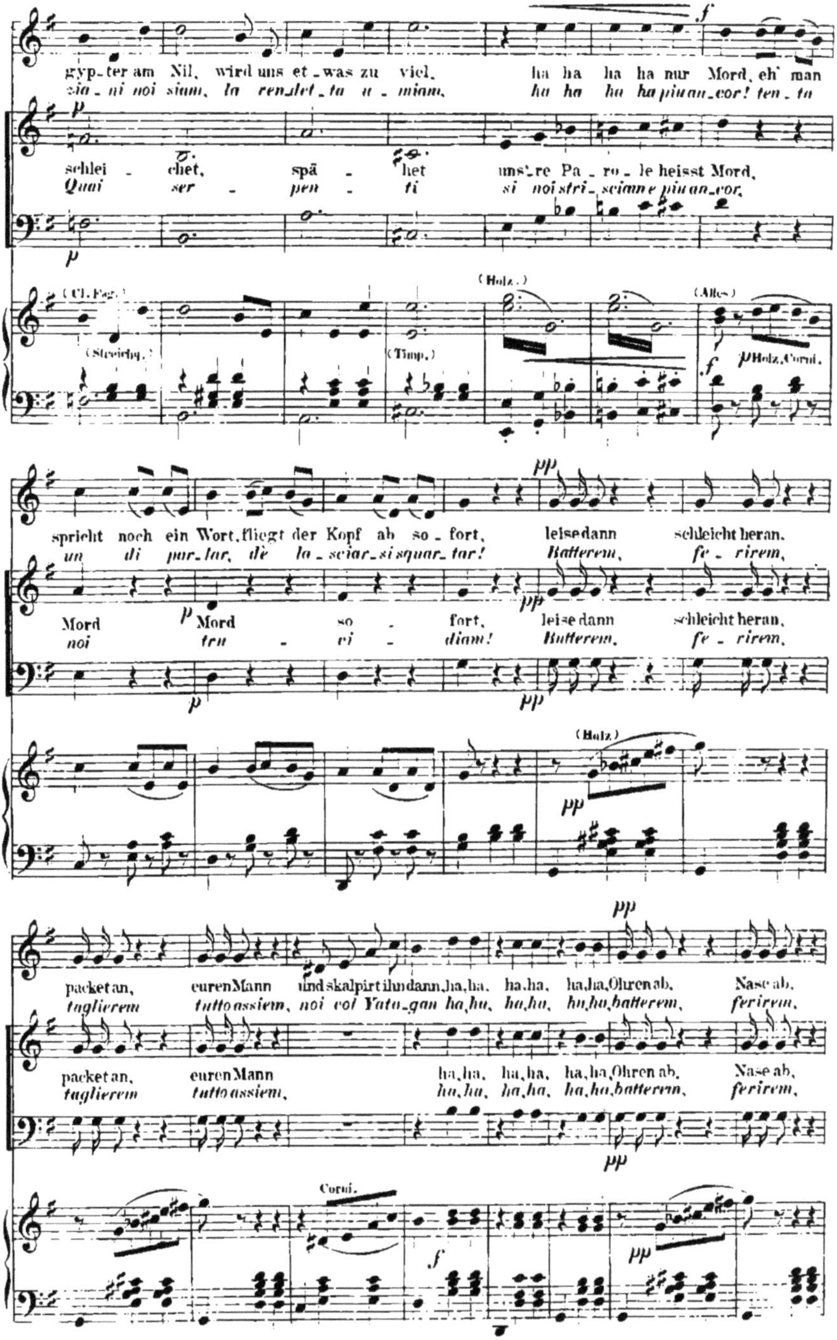
gyp_ter am Nil, wird uns et_was zu viel, ha ha ha ha nur Mord, eh' man
zia_ni noi siam, la ven_det_ta u_miam, ha ha ha ha piu an_cor! ten_ta
schlei_chet, spä_het unst_re Pa_ro_le heisst Mord,
Quai ser_pen_ti si noi stri_sciam e piu an_cor,
(Cl. Fag.)
(Streichq.)
(Timp.)
(Holz.)
(Alles)
Holz, Corni.
spricht noch ein Wort, fliegt der Kopf ab so_fort, leise dann schleicht heran.
un di par_lar, dè la_sciar_si squar_tar! Batterem, fe_rirem,
Mord Mord so_fort, leise dann schleicht heran,
noi tru_vi_diam! Batterem, fe_rirem,
(Holz)
packet an, euren Mann und skalpirt ihn dann, ha, ha, ha, ha, ha, ha, Ohren ab, Nase ab,
taglierem tutto assiem, noi col Yata_gan ha, ha, ha, ha, ha, ha, batterem, ferirem,
packet an, euren Mann ha, ha, ha, ha, ha, ha, Ohren ab, Nase ab,
taglierem tutto assiem, ha, ha, ha, ha, ha, ha, batterem, ferirem,
Corni.

№ 17. Finale.